La cortesía

Manual de urbanidad

¡Imprescindible

en el hogar,

en la escuela,

en todo espacio público!

La cortesía

Manual de urbanidad

Hilda M. Gutiérrez de Alvarado

AGRADECIMIENTOS

A mi esposo, Ángel A. Alvarado

Caraballo, un millón de gracias por su

divino y gentil ser.

Gracias por nuestros treinta y dos años de matrimonio.

Gracias por su felicidad eterna.

Que Dios lo tenga en la Gloria.

A mi regalo de Dios,

Ariel Francesco Alvarado

Gutiérrez, mi amor por siempre.

A mis padres Efigenia y Ulises M. Gutiérrez,

gracias por su incondicional amor.

A mis hermanos Clarita, Marina y

Ricardo, un billón de besos.

A mis amigas Gina, María y Kathy.

A mi amiga de la infancia María Victoria Barboza.

¡Gracias a todos por su apoyo y sugerencias!

*Esta obra está
dedicada a mi hijo,
a mis sobrinos
—especialmente a Daniel
Harvey—, a mis nietos y a
todos esos niños que
en casa y fuera de ella ponen en práctica
sus buenos modales, y otorgan respeto
y afecto a su propia persona,
a la Naturaleza
y a los demás.*

El propósito primordial de este libro está motivado por la urgencia de enseñarle a los hijos/as buenos modales, cortesía, respeto y atención a su persona y a los demás.

Mi intención es otorgar a mis semejantes todo el respeto que se merecen.

Mi propósito es alertar a los padres, maestros y comunidad sobre la urgencia de este tema.

Parece que los padres están fallando en la enseñanza de los buenos modales, en la cortesía, en el respeto y atención hacia los demás.

En tiempos pasados los padres no justificaban las malas calificaciones académicas, ni el mal comportamiento en la escuela o en cualquier lugar privado o público. Los maestros, padres, abuelitos y todas las personas, tanto mayores como jóvenes, se deben respetar.

Los buenos modales —como el respeto, la cortesía y atención— eran obligatorios en nuestro hogar. Los padres no toleraban, ni daban cabida al irrespeto o a la falta de urbanidad.

Es de suma importancia enseñar a los hijos/as a respetar a sus semejantes para que cuando tengan su pareja la sepan respetar, valorar y amar.

Los buenos modales, respeto, cortesía y atención forman parte de nuestros valores esenciales, los cuales permitirán a los hijos/as lograr el éxito de muchas formas: como seres humanos de bien, útiles en el hogar y en la sociedad.

En nuestra actual sociedad parece que el respeto, la cortesía y los buenos modales han llegado a tomar un segundo lugar y a convertirse en cosas del pasado.

Enseñemos respeto a nuestros hijos para que se respeten ellos mismos y sean respetuosos con los demás. De esta forma cuando ellos tengan a sus propios hijos también les enseñarán a respetar y amar a sus parejas y a todos los demás.

Los buenos modales, el respeto y la cordialidad son parte de nuestros más valiosos valores y es de suma importancia que los hijos comprendan la relevancia del respeto, de los buenos modales y la cordialidad.

Esto los convertirá en seres humanos respetuosos, de excelente calidad humana.

Enséñales lo que desde pequeños te enseñaron a ti. Se llamaba **RESPETO**. El respeto y la obediencia en la actualidad parecen no existir, como si fueran características de un ayer olvidado.

Toma este libro en tus manos y eleva una plegaria al Divino Creador para que haya paz, amor y respeto en nuestro planeta Tierra y en cada uno de ustedes.

Que el respeto, los buenos modales y la cortesía sean hoy, mañana y siempre un estandarte de valores para que nuestros hijos/as tengan un futuro mejor y una sociedad ideal.

Hilda M. Gutiérrez de Alvarado

La cortesía

Por medio de un diálogo practicaremos las normas de cortesía, pero antes debemos preguntarnos:

> ¿QUÉ ES LA CORTESÍA?
> *Es un comportamiento mediante el cual otorgamos respeto, atención y agradecimiento a nuestra propia persona y a nuestros semejantes.*

Dos amiguitos, Ricardo y Marina, se encontraron en la escuela durante el recreo…

Milan se acerca a los dos compañeritos, los saluda y le pregunta a Marina:

—¿Estás bien, Marina? ¿Qué te ocurrió ayer que no viniste a la escuela?

Marina responde:

—No pude venir porque no me siento bien. Tengo catarro y mucha tos.

Milan le dice:

—¿Por qué no te quedaste hoy en tu casa? Por favor, no te me acerques mucho porque no quiero contagiarme con tu catarro. No quiero contagiarme con tu catarro.

RECUERDA

que debemos taparnos la boca antes de toser, para que las personas a nuestro alrededor no se contagien con nuestros padecimientos.

—Tienes toda la razón —responde Marina—. No debemos olvidar lo que hemos aprendido en la casa y en la escuela. Debemos taparnos la boca antes de toser, para que nuestros amiguitos y demás personas a nuestro alrededor no se contagien con nuestro padecimiento.

Milan añade:

—¡Los gérmenes son terribles y se transmiten con facilidad!

Ariel, otro amiguito, se acerca y les dice:

—Siempre debemos recordar la importancia de lavarnos las manos como parte de una buena higiene personal.

Victoria, que está escuchando la conversación, pide permiso y se incorpora al diálogo:

—No debemos olvidar que si estornudamos o tosemos cerca de otras personas podemos contagiarlas con nuestras infecciones —precisa Victoria y agrega—: Además de propagar nuestros gérmenes en el ambiente, es descortés de nuestra parte toser o estornudar sin taparnos la boca con un pañuelo o, por lo menos, con la mano.

> *Algunas normas de cortesía pueden estar vinculadas a normas de higiene. Sobre estas hablaremos en el capítulo siguiente.*

La Cortesía
y algunas normas de higiene

El lavado de las manos es una norma de higiene básica que debemos practicar en todo momento y en todo lugar, como la casa, la escuela, la biblioteca y cualquier sitio público. Vanesa se incorpora al grupo de niños que en su escuela hablaban de cortesía y exclama:

—¡Lavarnos las manos es muy importante!

Clara comenta:

—Todos estamos de acuerdo en que debemos lavarnos las manos antes y después de las comidas, luego de usar el baño y al estornudar o toser. Además de una norma higiénica, es una muestra de consideración con los que nos rodean y de educación personal.

Diego opina que es una responsabilidad que no debemos olvidar y agrega:

—Debemos recordar las buenas normas de higiene, y con total regularidad ponerlas en práctica para prevenir enfermedades.

El lavado de las manos es una norma básica de higiene que debemos poner en práctica en la casa, la escuela o los sitios públicos.

LOS BUENOS MODALES

Al llegar a la clase, Efi le pregunta a la maestra qué son los buenos modales.

Y antes de que la maestra responda, Ángel levanta la mano y le dice a la maestra que él puede responder la pregunta de su compañerita Efi.

La maestra sorprendida le responde:

—Muy bien, Ángel, díganos qué quiere decir la expresión buenos modales.

Ángel responde con mucha seguridad:

—De eso estábamos hablando en el recreo, profesora. Los buenos modales son la práctica de la cortesía, el respeto y la atención.

Jacob, Daniel, Selena, Cyarra, Logan, Tyler, Jake, Angelic, Kailani, Isaiah, Valentina y Cristóbal agregan en coro:

—Nosotros los niños debemos siempre recordar y poner en práctica nuestros buenos modales. De esta forma ayudaremos a prevenir el contagio con gérmenes y bacterias.

Ulises agrega:

—Pero además de los niños, esto es también una responsabilidad para los adultos.

> *Tanto niños como los adultos debemos poner en práctica los buenos modales y la práctica de higiene*

EL RESPETO

Para respetar y ser respetado sólo hace falta aplicar una máxima sencilla: «No hacer daño a nada ni a nadie». En otras palabras:

> *No le hagas a los demás*
> *lo que no quieres que te hagan a ti.*

¿Dónde, cómo y cuándo se debe otorgar respeto? *Siempre, en todo lugar y momento.*

¿A quién se le debe respeto?
A ti mismo y a los demás: niños, jóvenes, adultos, ancianos, animales, plantas y, en general, a todo nuestro entorno ambiental.

> *El respeto se debe otorgar en todo momento*
> *a nuestros semejantes y al ambiente.*

Recuerda que el respeto comienza con uno mismo. Si te respetas como ser humano podrás respetar a los demás.

Familia, 2010. © Valentina Salas

Es muy importante anotar que el respeto es tan esencial como el agradecimiento.

EL AGRADECIMIENTO

La expresión «¡Gracias!» expresa un sentimiento de agradecimiento hacia alguien y es una muestra de educación y cortesía:

«¡Gracias! ¡Muchas gracias!».

La anterior es una expresión simple que de manera muy breve expresa el agradecimiento que sentimos por todo lo bueno que recibimos de los demás.

El agradecimiento se debe demostrar todo el tiempo.

El agradecimiento es un sentimiento que se le debe dar a todas esas personas que nos cuidan, que nos aman y que son buenas con nosotros y, en general, a todos.

Gracias a ti por leer esta información y por compartirla con los demás.

Gracias por tu ser y por los demás.

Gracias por este bello día en que estás leyendo esta información y pones en práctica contigo y con los demás el sentimiento de gratitud.

Gracias a ti y a todos los que en con junto compartimos nuestro planeta Tierra. ¡Gracias!

¡Muchas gracias!

LA ATENCIÓN

Cuando hablamos de atención, ¿a qué nos referimos? ¿Qué es la atención?

Recuerda siempre que la atención se refiere a la disposición humana de estar siempre atentos e interesados en la o las personas que nos hablan.

La atención también se orienta hacia nosotros cuan- do atendemos con cuidado nuestro cuerpo, para evitar los malos hábitos y la destrucción de nuestro organismo.

Debemos atender siempre todo lo bueno que está a nuestro lado y en nuestro mundo y poner en práctica los buenos modales, el respeto, la cortesía y la amabilidad en la escuela, la casa y en todo lugar.

Al poner en práctica buenos modales
otorgo respeto a mi persona y a las demás.

Seas niño, adolescente, joven o adulto, siempre recuerda que:

- respetar la individualidad de los demás y

- practicar en todo espacio y lugar los buenos modales, la afectividad y el respeto hacia ti, hacia la naturaleza y hacia aquellas personas que te rodean.

ÍNDICE

La cortesía Manual de urbanidad se terminó de imprimir en agosto de 2011. La tirada es de quinientos ejemplares